YOUR KNOWLEDGE HAS VALUE

Bibliographic information published by the German National Library:

The German National Library lists this publication in the National Bibliography; detailed bibliographic data are available on the Internet at http://dnb.dnb.de .

Imprint:

Copyright © 2014 GRIN Verlag, Open Publishing GmbH
Print and binding: Books on Demand GmbH, Norderstedt Germany
ISBN: 9783656693826

This book at GRIN:

http://www.grin.com/it/e-book/276180/ruoli-svolti-da-marta-nell-esclusa-di-luigi-pirandello-una-donna-forte

Derya Agis

Ruoli svolti da Marta nell'Esclusa di Luigi Pirandello: Una donna forte o una donna debole?

Un approccio simbolico-interazionista

GRIN Publishing

GRIN - Your knowledge has value

Since its foundation in 1998, GRIN has specialized in publishing academic texts by students, college teachers and other academics as e-book and printed book. The website www.grin.com is an ideal platform for presenting term papers, final papers, scientific essays, dissertations and specialist books.

Visit us on the internet:

http://www.grin.com/

http://www.facebook.com/grincom

http://www.twitter.com/grin_com

RUOLI SVOLTI DA MARTA NEL*L'ESCLUSA* DI LUIGI PIRANDELLO: UNA DONNA FORTE O UNA DONNA DEBOLE?

UN APPROCCIO SIMBOLICO-INTERAZIONISTA

SCRITTRICE: FAZILA DERYA AGIS

CONTENUTI

RUOLI SVOLTI DA MARTA NELL'*ESCLUSA* DI LUIGI PIRANDELLO: UNA DONNA FORTE O UNA DONNA DEBOLE?: UN APPROCCIO SIMBOLICO-INTERAZIONISTA

FAZILA DERYA AGİŞ

1. INTRODUZIONE

1.1. Pirandello e *L'Esclusa*

Luigi Pirandello (Girgenti - Agrigento, 1867 – Roma 1936) è un autore italiano che vinse il premio di Nobel per la letteratura nel campo della drammaturgia nel 1934 ("Luigi Pirandello – Facts", Nobelprize.org, 2014). Si può riassumere la sua vita in questo modo:

> "Vita e opere. Iniziati gli studi di lettere *all'università di Palermo*, li proseguì a Roma e li compì in Germania, dove si laureò con una tesi di argomento linguistico *all'università di Bonn* (1891; la traduzione in italiano del titolo della tesi: *La parlata di Girgenti*, 1981) e cominciò a tradurre le *Elegie romane* di Goethe (*pubblicate nel* 1896), assecondando un'iniziale vocazione poetica (*Mal giocondo*, 1889; *Pasqua di Gea*, 1891), in seguito testimoniata da poche altre raccolte (*Elegie renane*, 1895; *Zampogna*, 1901; *Fuori di chiave*, 1912). Stabilitosi a Roma nel 1893 e introdotto da *Luigi Capuana* negli ambienti giornalistici e letterari, si dedicò a un'intensa attività pubblicistica e creativa (dal 1913 anche con soggetti e sceneggiature per il cinema), insegnando nel contempo (1897-1922) all'Istituto superiore di Magistero (per la nomina a professore gli valsero gli studi su '*Arte e scienza*' e quello fondamentale su '*L'umorismo*', pubblicati nel 1908). Il tracollo dell'impresa paterna in cui erano stati investiti tutti i beni della famiglia (1903) ebbe gravi ripercussioni sulla sua vita, soprattutto per l'acuirsi dei disturbi nervosi della moglie (Antonietta Portulano, da lui sposata nel 1894), di cui nel 1919 si rese necessario il ricovero definitivo in una clinica di Roma. A partire dal 1915 fu sempre più assorbito dall'esperienza del teatro, anche nella regia, con frequenti spostamenti all'estero; diresse il Teatro d'Arte di Roma (1925-28) e creò una propria compagnia, chiamandovi come prim'attrice la giovane *Marta Abba*, alla quale rimase legato da profonda passione fino alla morte." ("Pirandello, Luigi", n.d. enfasi e spiegazioni dei nomi abbreviati aggiunte).

Luigi Pirandello scrisse *L'Esclusa* nel 1893 col titolo di *Marta Ajala*. L'opera venne pubblicata nel giornale romano "*La Tribuna*" dal 29 giugno 1901 al 16 agosto 1901 per la prima volta come *L'Esclusa* (*L'Esclusa*, Wikipedia, 2013). In questo articolo, analizzerò *L'Esclusa* di Luigi Pirandello a seconda della teoria sociologica dell'interazionismo simbolico. Marta, la protagonista della novella dimostra personalità diverse davanti agli eventi diversi. La società italiana l'allontana e l'esclude, calunniandola approvando la violenza del marito, che la caccia via da casa dopo di aver scoperto delle lettere inviatole da Gregorio Alvignani, un deputato. In seguito, il padre di Marta si chiude in una stanza per vergogna. Infatti, il romanzo sottolinea il dualismo tramite il concetto della famiglia: ci sono

1

due famiglie, due padri autoritari, due uomini col cognome di Pentagora e due donne col cognome di Ajala (Ayala). Marta è la moglie di Rocco Pentagora che trova alcune lettere inviatele da un ammiratore (Gregorio Alvignani): lei viene accusata di adulterio e cacciata da casa. Inoltre, gli altri personaggi sono questi: Signora Popònica è una serva della famiglia Pentagora, ed è una donna umoristica: questo viene capito dal nome, ma arriva in un giorno drammatico per Rocco, il marito della protagonista Marta, che pensa di esser stato tradito.

Maria, la sorella di Marta, è una ragazza molto sensibile; Agata, la madre di Marta e Maria, è conservatrice e molto religiosa; Anna Veronica è una figura di un'amica sincera che porta un velo nero come un simbolo dell'infedeltà e allude al destino brutto che Marta dovrebbe vincere; Rocco Pentagora è il marito aggressivo di Marta. La sua famiglia viene descritta così, quando lui va dalla casa di famiglia dopo di aver calunniato Marta:

> "Antonio Pentàgora s'era già seduto a tavola tranquillamente per cenare, come se non fosse accaduto nulla. Illuminato dalla lampada che pendeva dal soffitto basso, il suo volto tarmato pareva quasi una maschera sotto il bianco roseo della cotenna rasa, ridondante sulla nuca. Senza giacca, con la camicia floscia celeste, un po' stinta, aperta sul petto irsuto, e le maniche rimboccate sulle braccia pelose, aspettava che lo servissero. Gli sedeva a destra la sorella Sidora, pallida e aggrottata, con gli occhi acuti adirati e sfuggenti sotto il fazzoletto di seta nera che teneva sempre in capo. A sinistra, il figlio Niccolino, spiritato, con la testa orecchiuta da pipistrello sul collo stralungo, gli occhi tondi tondi e il naso ritto. Dirimpetto era apparecchiato il posto per l'altro figlio, Rocco, che rientrava in casa, quella sera, dopo la disgrazia. Lo avevano aspettato finora, per la cena. Poiché tardava, s'erano messi a tavola. Stavano in silenzio tutt'e tre, nel tetro stanzone, dalle pareti basse, ingiallite, lungo le quali correvano due interminabili file di seggiole quasi tutte scompagne."

Francesco Ajala (Ayala) è il padre conservatore di Marta che si chiude in una stanza dopo che Marta è stata calunniata e lui muore, quando Marta partrisce un bambino che muore. Marta viene esclusa e disprezzata. La famiglia diventa poverissima. Inoltre, Marta vince un concorso per insegnare all'istituto, ma un'altra persona raccomandata viene impiegata: "La vecchia Sabetti era intanto venuta ad annunziarle, addolorata, che al posto già promesso a lei avrebbe insegnato la Breganze, nipote d'un consigliere comunale." Inoltre, Sabetti ignora tutte le compagne che la disprezzano:

> "Eufemia Sabetti era stata, fin dalle prime classi, compagna di scuola di Marta, quantunque maggiore almeno di sei anni. Cresciuta nella scuola, in mezzo a compagne molto superiori a lei di condizione, aveva assunto una cert'aria signorile che formava l'orgoglio della madre, la quale poi lo scontava a costo d'innumerevoli sacrifici. Eufemia, è vero, dava del tu a tutte le compagne, portava il cappellino, aveva tratti e lezii da vera "signorina"; ma era pur rimasta nella considerazione delle compagne la figlia della portinaja. Le compagne veramente non glielo spiattellavano in faccia: no, poverina! ma glielo lasciavano intendere o dal modo con cui le guardavano la veste e il cappellino, o col piantarla lì qualche volta per prestare ascolto a un'altra DELLE LORO. Ed Eufemia faceva le viste di non accorgersene, per mantenersi in buoni rapporti con esse."

In più, "il cavalier Claudio Torchiara, ispettore scolastico, era del paese e amico intimo di Gregorio Alvignani." Luca Blandino è un insegnante di filosofia al liceo ed è un amico di Gregorio Alvignani. Madden che si chiama Bill è un professore privato di lingue straniere. La madre di Marta parla col direttore dell'istituto che le assegna un posto; tuttavia, Marta viene costretta di fingere di essere malata. Intanto, Alvignani che è un deputato trasferisce Marta, sua sorella e sua madre a Palermo dove due colleghi si innamorano di Marta che corrisponde all'amore di Alvignani, credendo di essere innamorata di lui, e partorisce un bambino da lui. Nel passato, anche la madre di Rocco era stata accusata di aver tradito il marito; la chiama e la famiglia riaccetta Marta, pur avendo tradito Rocco Pentagora per la prima volta. Adesso parliamo della teoria dell'interazionismo simbolico.

1.2. Interazionismo Simbolico

George Herbert Mead (1863-1931) usò per la prima volta il termine di "interazionismo simbolico" nel suo libro intitolato *Mente, Sé e Società* pubblicato nel 1934. Herbert Blumer sviluppò la teoria e pubblicò un libro intitolato *"Interazionismo Simbolico"*[1] nel 1937 [1969]. Blumer venne influenzato dall'idea di vedere il proprio ruolo nel mondo tramite un vitro, cioè quella di osservare se stessi per comportarsi appropriatamente negli ambienti diversi come se ci si osservasse il viso ed il linguaggio corporale guardando uno specchio. Questa idea fu suggerita da Charles Cooley nel 1902.[2] Inoltre, George Herbert Mead (1934)[3] indicò che la gente aggiusta i propri comportamenti a seconda delle regole societali. Anche Mead influenzò Blumer che divide gli oggetti coinvolti in un evento in tre categorie (1969:10-11):

1) "oggetti fisici" (decorazioni, libri, penne, case, et cetera),
2) "oggetti sociali" (insegnanti, studenti, madri, casalinghe, moglie, mariti, et cetera),
3) "oggetti astratti" (regole, moralità, et cetera).

---

[1] Blumer, Herbert. 1969 [1937]. *Symbolic Interactionism; Perspective and Method.* Englewood Cliffs, N.J.: Prentice-Hall.
[2] Cooley, Charles Horton. 1902. *Human Nature and the Social Order.* New York: Scribner.
[3] Mead, George Herbert. 1934. *Mind, Self and Society: From the Standpoint of a social behaviorist*, Charles W. Morris, Chicago: University of Chicago Press.

2. MARTA ED IL VERISMO: VIOLENZA CONTRO LE DONNE

Marta viene scacciata da casa dal marito, Rocco Pentagora che scopre alcune lettere inviatele da Gregorio Alvignani, perché lui crede che Marta avesse commesso adulterio; qui le lettere sono oggetti fisici che causano una tragedia. Anche la madre di Rocco era stata accusata dal tradimento nel passato; la chiama e la famiglia riaccetta Marta, pur avendo tradito Rocco per la prima volta. Vediamo l'autorità degli uomini nel romanzo: cercano di essere superiori alle donne, ma il padre di Marta viene vinto dalla morte, ed il marito di Marta dall'amore. La scena consiste in atti brutali commessi da un uomo verso una donna. Ecco il buio simboleggia la paranoia del marito di esser stato tradito; il marito simboleggia la gelosia demoniaca degli uomini possessivi come un oggetto sociale secondo la teoria di Blumer (1969):

"Accese un altro fiammifero e si mise a leggere la lettera, ch'era scritta di minutissimo carattere, su una carta cinerea, ruvida in vista. Lesse macchinalmente le prime parole: "TI SCRIVO DA TRE MESI (SON GIà TRE MESI) E ANCORA...". Saltò alcuni righi; fissò lo sguardo su un "QUANDO?" sottolineato, poi buttò il fiammifero e restò con la lettera in mano e gli occhi sbarrati nel buio. Rivedeva la scena. Aveva sforzato l'uscio con un violento spintone, gridando: "La lettera! dammi la lettera!". Al fracasso, Marta s'era fatta riparo dello sportello aperto del grande armadio a muro presso al quale leggeva. Egli aveva tratto in avanti con forza lo sportello e le aveva attanagliato i polsi. "Che lettera?" aveva ella balbettato, guardandolo atterrita negli occhi. Ma la carta, spiegazzata nell'improvviso terrore e impigliata tra le vesti e un palchetto dell'armadio era caduta come una foglia secca sul pavimento. Ed egli, nel lanciarsi a raccoglierla, s'era ferito alla fronte, urtando contro lo sportello aperto dell'armadio. Accecato dall'ira, dal dolore, aveva allora inveito contro di lei, senza riguardo alla maternità incipiente, e la aveva senz'altro cacciata di casa a urtoni, a percosse."

Anche il padre di Marta ha un carattere violento:

"E la signora Agata, infatti, soffriva sopra tutto di questo: che nell'animo di lui fossero impressi due falsi concetti di lei: l'uno di malizia, l'altro d'ipocrisia. Tanto più ne soffriva, in quanto che lei stessa si vedeva spesso costretta a riconoscere che non senza ragione egli doveva credere così; perché davvero ella, mancando ogni intesa fra loro due, talvolta era forzata dai bisogni stessi della vita a far di nascosto qualcosa ch'egli non avrebbe certamente approvato; e poi a fingere con lui.
Era sicura adesso la signora Agata, che il marito, nel furore, le avrebbe rinfacciato tutte quelle lievi concessioni che in tanti anni era riuscita con la dolcezza a ottenere.

- Francesco! - chiamò con voce umile, nel silenzio della strada.
- Chi è là? - domandò forte l'Ajala, scotendosi, curvandosi sulla ringhiera del balcone.
- Tu? Chi ti ha detto di venire? Vàttene! vàttene via subito! Non mi far gridare di qua!
- Apri, te ne supplico...
- Vàttene, t'ho detto! Non voglio veder nessuno! A casa! subito, a casa! No? Scendo, sai?
E Francesco Ajala, diede uno scrollo poderoso alla ringhiera di ferro, e si ritrasse.
Ella attese a capo chino, come una mendicante, appoggiata al portone, asciugandosi di tanto in tanto gli occhi con un fazzoletto che teneva in mano da quattr'ore. Un rumore di passi per il lungo androne interno, cupo, rintronante: lo sportello a destra del portone s'aprì, e l'Ajala, curvandosi, sporgendo il capo, afferrò per un braccio la moglie.
- Che sei venuta a far qui? Che vuoi? Chi sei? Non conosco più nessuno io; non ho più nessuno; né famiglia né casa! Fuori tutti! Fuori! Schifo mi fate, schifo! Vàttene via! via!

E le diede un violento spintone. Ella rimase, col braccio indolenzito dalla stretta, davanti al vano dello sportello; poi entrò come un'ombra, rassegnata ad aspettare ch'egli si votasse il cuore di tutta la collera, rovesciandogliela addosso; decisa anche a farsi percuotere. In mezzo al bujo androne, l'Ajala, con le mani intrecciate dietro la nuca, le braccia strette intorno alla testa, s'era messo a guardare la grande porta a vetri, in fondo, cieca nel blando chiaror lunare. Si voltò, sentendo nel bujo piangere la moglie; le venne incontro con le pugna serrate, ruggendo con scherno:

- L'hai ricevuta in casa? Te la sei baciata, carezzata, lisciata, la tua bella figlia? Che vuoi ora da me? Che aspetti qua? me lo dici?
- Vuoi partire... - singhiozzò ella, piano.
- Subito, sì! La valigia...
- Dove vuoi andare?
- Debbo dirlo a te?
- Ma anche... per sapere ciò che debbo prepararti... quanto starai fuori..."

Il padre si chiude in una stanza, e le sue parole indicano che è molto autoritario insieme con la tendenza di picchiare la moglie con spuntoni forti. Inoltre, lui vuole che sua moglie se ne vada via lasciandolo in pace e sparisca. Anche le pugne serrate indicano la voglia di rivendicarsi e l'ira. La moglie sta "a capo chino": questo indica che lei si sottomette. Lei piange costantamente da quattro ore, ma nel frattempo, il marito l'afferra il braccio violentemente, perché lei appartiene ad un sesso inferiore e la manda fuori, dicendo che non conosce nessuno più e non ha nessuna famiglia. La moglie piange nel buio che indica la rottura nelle relazioni famigliari come un oggetto astratto, mentre Agata e Francesco hanno i ruoli sociali di moglie e di marito. L'adulterio irreale della figlia riesce a finire la loro relazione lunga costringendo la società a non riaccettare Marta come una figlia o una moglie. Marta perde questi due ruoli sociali come un oggetto sociale, concernente la terminologia di Blumer (1969). Inoltre, "nel 1881 Anna Maria Mozzoni fondò la Lega promotrice degli interessi femminili (che radunò maestre, giornaliste, scrittrici e le prime dirigenti operaie), dimostrando come la seconda metà del XIX secolo avesse aperto la strada a nuove forme di riunione femminile: non più i salotti, ma le leghe e le associazioni"; l'Unione Femminile formato nel 1899 a Milano è un risultato di questa lega e difende i diritti dell'educazione delle donne; questa unione venne riconosciuta come l'Unione femminile nazionale (Musiani, 2012: 17). Nel 1903 il Consiglio nazionale delle donne italiane con la sede a Roma occorse come "una federazione di associazioni" affiliata "all'International Council of Women. Fondatrici furono donne dell'alta borghesia romana che affiancavano a deboli ideali emancipazionisti un forte spirito filantropico-assistenziale, caratteristico ancora di una visione paternalistica ottocentesca, destinata a esaurirsi nel corso del XX secolo" (Musiani, 2012: 18). L'Esclusa venne scritta e pubblicata in un periodo del genere in cui le donne si univano per difendere i propri diritti al lavoro ed agli studi, e si occupavano delle attività di carità. Si può dire che Pirandello difende l'emancipazione delle donne ed i loro diritti opposandosi al potere maschile nella famiglia e alla violenza contro le donne. Malgrado ciò, Pirandello protesta contro il nepotismo che è il cancro del mondo intero anche oggi: Marta non può avere un posto di maestra a causa di un'altra persona preferita per i suoi relativi, cioè per il suo cognome, ma trova un altro lavoro tramite un uomo, una figura maschile che è un deputato e riesce ad inviarla a Palermo, il proprio paese:

> "Era chiaro! Marta Ajala avrebbe occupato il posto di maestra supplente nelle prime classi preparatorie del Collegio, solo perché "protetta" del deputato Alvignani. E vi fu, nei primi giorni, una processione di padri di famiglia al Collegio: volevano parlare col Direttore. Ah, era uno scandalo! Le loro ragazze si sarebbero rifiutate d'andare a scuola. E nessun padre, in coscienza, avrebbe saputo costringerle. Bisognava trovare, a ogni costo e subito, un rimedio. Il vecchio Direttore rimandava i padri di famiglia all'Ispettore scolastico, dopo aver difeso la futura supplente con la prova degli ottimi esami. Se qualche altra avesse fatto meglio, sarebbe stata presa a supplire in quella classe aggiunta. Nessuna ingiustizia, nessuna particolarità..."

Si vede che Pirandello difende donne studiose e brave, se si considerano i voti altissimi di Marta che la proteggono dalle pregiudizie e calunnie. Questi voti altissimi fanno ignorare alla gente anche la raccomandazione di un deputato, perché Marta viene ritenuta una brava iinsegnante tramite questi. Questo fatto sottolinea che le donne possono e devono avere posti senza aiuti altrui, se studiano e lavorano molto in una società ideale.

3. MARTA E LA LANTERNINOSOFIA

Nell'opera si vede che l'aria ha un ruolo molto importante nella spiegazione degli atteggiamenti e dei comportamenti della gente. Quando Rocco Pentagora si sente triste per aver scoperto delle lettere inviate alla moglie e prova angoscia, anche l'aria descritta riflette la sua angoscia con la pioggia, l'umidità, la nebbia e la pianura vuota nel buio della notte: "La notte era umida. In basso, dopo il ripido degradare delle ultime case giù per la collina, la pianura immensa, solitaria, si stendeva sotto un velo triste di nebbia, fino al mare laggiù, rischiarato pallidamente dalla luna." Tuttavia, esiste una luna che simboleggia la speranza e la verità che si scoprirà dopo un perdono. La lanterninosofia di Pirandello nell'opera allude all'uso della luce come un oggetto fisico secondo la teoria Blumer (1969); questa luce sostiene e mostra la verità contro le calunnie. In più, siccome si va in chiesa di mattina, quando fa chiaro, la luce ed i raggi solari indicano la spiritualità e simboleggiano l'esistenza di Dio, e la speranza è un oggetto astratto che sostiene tutti gli esseri umani nei tempi duri causati dalle opere del demonio come bugie, gelosie, calunnie e l'infelicità:

"Instancabile, Anna Veronica, dopo tante veglie, recava adesso ogni mattina alla convalescente piccole immagini odorose di santi, contornate di carta trapunta, punteggiate d'oro, con nimbi d'oro.

- Qua, - diceva, - dentro la busta, sotto il guanciale: ti guariranno: sono benedette."

Riguardante il buio, esso simboleggia la morte e la disperazione come un oggetto astratto; l'ombra è una metafora che significa la tristezza che sta per arrivare dopo delle disgrazie; ma il lume allude alla tenerezza di un legame familiare; il padre di Marta che non parla con nessun membro della sua famiglia a causa della sua ira muore nel buio, nell'oscurità per essere ostinato; il buio di una stanza isolata dimostra l'assenza dei sentimenti caldi e gioiosi tra i membri di una famiglia piccola, mentre il lume simboleggia una relazione empatica tramite la quale ogni problema si può risolvere:

"Quel senso di serenità, fresca, dolce e lieve, che suol dare la convalescenza, le si turbava al sopravvenire della sera. Le pareva che quel lume riparato dal mantino verde fosse poco, troppo poco contro l'ombra che invadeva la casa; e un'ambascia cupa, un'oscura costernazione, un'impressione di vuoto, di sgomento sentiva venirsi dalle altre stanze, in cui spingeva trepidante, dal letto, il pensiero: subito ne lo ritraeva, affisando di nuovo gli occhi al lume, per sentirne il conforto familiare. In quell'ombra, in quel bujo delle altre stanze, il padre era scomparso. Di là egli, ormai, non c'era più. Nessuno più, di là... L'ombra. Il bujo. Che incubo, è vero, era egli stato per lei! Ma a qual prezzo,ora, se n'era liberata... La cupa ambascia, l'oscura costernazione, il senso di vuoto, di sgomento, non le venivano piuttosto dal pensiero di lui?"

Anche qui la luce indica la verità e l'innocenza insieme al concetto di mattina; la madre di Marta insiste che la verità si capirà tramite il concetto della luce, cioè tutto sarà chiaro e si capirà chiaramente che Marta è innocente e non aveva tradito il marito, quando riceveva delle lettere solo da un ammiratore, prima di partorire un bimbo da lui:

"Appena andati via, la signora Agata buttò le braccia al collo di Marta e se la strinse forte, forte al seno, baciandola più e più volte in fronte:

- Figlia mia, figlia mia; tieni! tieni! Ecco il premio. Ti si rende giustizia, finalmente! Gli occhi le si riempirono di lagrime e proseguì:
- A tuo padre, sant'anima, quella sera, non glielo dissi io? La luce si farà; l'innocenza di tua figlia sarà riconosciuta! Aspetta, aspetta... Ah, se egli vivesse ancora! Non piangere, non piangere, figlia mia... Che hai? Oh Dio, Marta, che hai? Marta s'era lasciata cadere su una seggiola, pallida, fosca, tutta tremante."

Dall'altro lato, la morte della madre di Rocco Pentagora che era stata accusata di adulterio da giovane porterà pace mettendo in luce la calunnia; "il caldo lume" allude al legame tenero tra i membri onesti di una famiglia e la verità:

"Volse gli occhi al letto, su cui le quattro torce aduggiavano la giallezza del caldo lume. Alcune rigide pieghe del lenzuolo accusavano il cadavere nella pesante immobilità. Paurosamente, con una mano, Marta scoprì il volto della defunta già trasfigurato; cadde in ginocchio accanto al letto e sciolse l'enorme cordoglio in uno sgorgo infinito di lagrime, costringendosi con una mano su la bocca a non gridare, a non urlare."

Secondo la lanterninosofia di Pirandello, la luce è un simbolo della speranza e della verità che devono essere possedute dagli esseri umani credenti in Dio per comportarsi spiritualmente e prendere decisioni spirituali.

4. MARTA ED IL RELATIVISMO: IDENTITÀ DIVERSE

Marta Ajala si osserva il viso dentro uno specchio certe volte e non riesce a capire il proprio spirito; non commette l'adulterio, ma partorisce un bimbo dal suo ammiratore alla fine; trova un lavoro tramite un deputato, ma non riesce ad avere un posto prima a causa di una persona raccomandata; sua suocera la consola per esser accusata di adulterio nello stesso modo; pensando a questi fatti diversi, Marta acquista caratteri diversi in ambienti diversi: un dualismo si basa su una controversia che esiste nelle sue personalità diverse, per questo motivo, sa che ha dubbi su di sé: "E allontanava lo specchietto a bilico che teneva sul tavolino, quasi infastidita della propria immagine, dello splendore intenso degli occhi, delle labbra accese."

Infatti, "per Pirandello la psiche umana è concepita come entità molteplice "esistenza simultanea di diverse coscienze", come scrive lo psicologo francese Alfred Binet (1857-1911)" (Pagnanelli, n.d.). Inoltre, Anna Veronica è un'amica di Marta che insegna come lei e rappresenta lei stessa come una riflessione: "Si chiamava Anna Veronica, quest'amica. Quando la signora Agata l'aveva conosciuta la prima volta, ella viveva insieme con la madre, al cui mantenimento era orgogliosa di provvedere, insegnando nelle scuole elementari." Marta non è forte: non sa cosa fare esattamente; è furba: si avvicina al suo ammiratore alla fine; non è nemmeno proprio debole: non diventa pazza a causa della violenza psicologica del marito che deve subire. Cioè, Marta ha personalità diverse e porta maschere diverse, prendendo ruoli diversi nella sua vita nei termini di Blumer (1969).

5. MARTA ED IL FREUDIANISMO: REGOLE SOCIETALI

L'opera critica i pregiudizi societali e le calunnie, ma accetta i valori spirituali. La società assegna ruoli pesanti alle donne che devono sposarsi e obbedire delle regole societali, ma non devono tradire il marito: qui il *superego* Freudiano consiste in una società discriminitiva verso le donne, amara, complessa e pettegolante. Qui l'*ego* consiste in un equilibrio in prendere decisioni e l'*id* rappresenta una figura che non obbedisce le regole societali. Tuttavia, alla fine del romanzo, capiamo che tutte le regole societali non possono essere obbedite, e l'uguaglianza tra gli uomini e le donne e la trasparenza prevalgono con l'umorismo dell'autore. Solo Dio può formare il *superego* con mezzi divini, combattendo contro certe pregiudizi senza osservare i dettagli. Solo persone che pregano vincono: prevalgono la loro spiritualità in ogni ambiente; solo Anna Veronica rappresenta l'importanza di essere onesti per il suo *superego* obbediente ed assiduoso, Marta è allo stesso livello con l'*ego* per il suo carattere controversiale, perché non è né debole né forte forte, ma l'*id* è il livello dei calunniatori e degli uomini violenti che picchiano donne come Rocco e Francesco; quando Rocco perdona la moglie, non si sa se si alza al livello di *superego* o no: mostra pietà e carità davanti alla moglie che ha avuto un bambino da un altro uomo alla fine. L'opera descrive solo Anna Veronica come un simbolo di bontà: "Instancabile, Anna Veronica, dopo tante veglie, recava adesso ogni mattina alla convalescente piccole immagini odorose di santi, contornate di carta trapunta, punteggiate d'oro, con nimbi d'oro."

Anna Veronica è fortissima:

> "Dopo alcuni anni, però, Anna Veronica s'era imbattuta per disgrazia in un altro giovine, malato, malinconico, il quale era venuto ad abitare vicino a lei, in tre stanzette umili e ariose, con un terrazzino pieno di fiori. Costui l'aveva chiesta in moglie; ma Anna, onestamente, aveva voluto confessargli tutto; poi non aveva saputo, né forse potuto negargli quella stessa prova d'amore già concessa a un altro. Ma questa volta, dopo la disdetta e l'abbandono, era sopravvenuto lo scandalo, perché Anna s'era incinta del seduttore sentimentale, partito all'improvviso dal paese. Il bimbo, per fortuna, era morto appena nato; Anna, destituita da maestra, aveva per carità ottenuto una misera pensioncina, mercé la quale aveva potuto vivucchiare nella solitudine e nell'ignominia, in cui quel malinconico miserabile l'aveva gettata, e s'era rivolta a Dio per perdono. La signora Agata vedeva spesso in chiesa Anna Veronica, ma fingeva di non accorgersene; Anna intendeva e non se n'aveva per male: levava gli occhi in alto, e in essi e sulle labbra le ferveva più viva la preghiera, preghiera nutrita ormai d'amore per tutti, per gli amici e per i nemici, come se toccasse a lei dare prima esempio di perdono."

6. MARTA E L'UMORISMO AMARO

Nel romanzo, un uomo perdona la moglie che calunnia dopo di essere stato realmente tradito; la madre del marito era stata accusata nello stesso modo senza nessun colpo. Inoltre, pessimisticamente, nepotismo e favoritismo nella società italiana vengono criticati: Marta aveva perso un posto a causa di una raccomandata, ma lei viene inviata a Palermo da un deputato. Questo umorismo amaro guida il verismo pirandelliano: gli stessi eventi possono succedere in Italia oggi: è possibile che una moglie tradisca il marito con tanti mezzi di comunicazione tramite l'Internet. L'opera spiega certi caratteri umani sottolineando che la verità si scoprirà alla fine.

7. CONCLUSIONE

Pirandello crea un carattere né debole né forte nell'opera per difendere i diritti delle donne. Si rivolge anche al verismo, all'umorismo, alla lanterninosofia tramite sceni oscuri e chiari, al relativismo e al Freudianismo. Come Melahat Özgü (1970: 157) dice, Pirandello venne influenzato da Ibsen e creava atmosferi pessimistici per attirare l'attenzione. La teoria dell'interazionismo simbolico di Blumer (1969) ci aiuta a classificare gli oggetti fisici ed astratti che hanno un significato metaforico; anche gli esseri umani sono oggetti sociali ed assumono ruoli diversi in vari ambienti sociali: portano maschere diverse come suggerisce Pirandello. Marta Ajala (Ayala) non riesce a ribellarsi totalmente, poiché un deputato da cui partorisce un figlio l'aiuta e ritorna dal marito violento: la società malata non riesce a funzionare bene senza il nepotismo e senza l'assistenza delle figure maschili alle figure femminili.

RISORSE

Blumer, Herbert. 1969 [1937]. *Symbolic Interactionism; Perspective and Method*. Englewood Cliffs, N.J.: Prentice-Hall.

Cooley, Charles Horton. 1902. *Human Nature and the Social Order*. New York: Scribner.

L'Esclusa, il 15.03.2013. Wikipedia: http://en.wikipedia.org/wiki/L'Esclusa, data di accesso: il 15.05.2014.

"Luigi Pirandello – Facts". Nobelprize.org. Nobel Media AB 2013. Web. il 02.06.2014. http://www.nobelprize.org/nobel_prizes/literature/laureates/1934/pirandello-facts.html

Mead, George Herbert. 1934. *Mind, Self and Society: From the Standpoint of a social behaviorist*, Charles W. Morris, Chicago: University of Chicago Press.

Musiani, Elena. 2012. *Educarsi, Educare: Percorsi Femminili dalla Casa alla Città*. Roma: Aracne.

Özgü, Melahat. 1970. "Luigi Pirandello, Tiyatro Yazarı." *A.Ü. Dil ve Tarih-Coğrafya Fakültesi, Tiyatro Araştırmaları Enstitüsü Dergisi, Yıl: 1, Sayı: 1, s.155-170*.

Pagnanelli (docente), n.d. Luigi Pirandello, L'Esclusa, 1901- Scheda: http://www.copernico.prato.it/uploads/1112itaesclusa.pdf?token=b4ed50b89d44c783f 2fa8223048ecf90db86c7b5|1401775510#PDFP, data di accesso: il 15.05.2014.

Pirandello, Luigi. *L'Esclusa*. Progetto Manuzio. Edizione Elettronica del: 24 Novembre 1994. http://www.liberliber.it/mediateca/libri/p/pirandello/l_esclusa/pdf/l_escl_p.pdf

"Pirandello, Luigi", n.d. : http://www.treccani.it/enciclopedia/luigi-pirandello/, data di accesso: il 03/03/2014